GANZ ANDALUSIEN

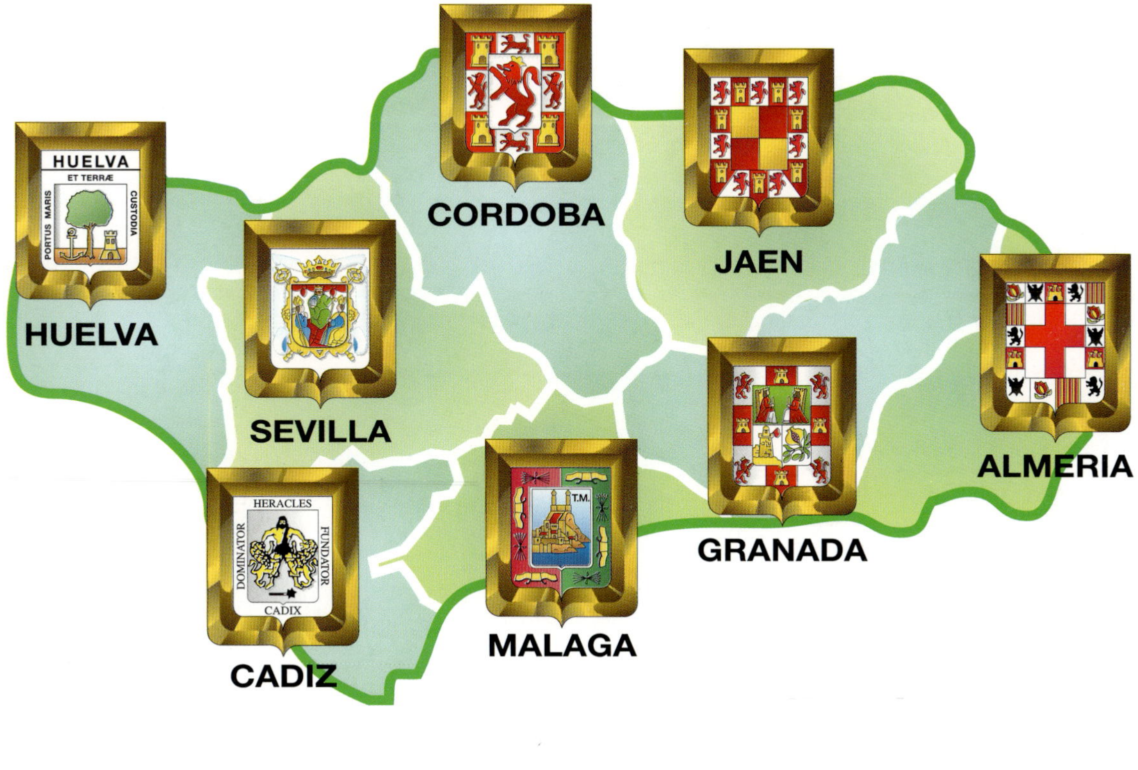

Editorial Escudo de Oro, S.A.

Luftaufnahme von Sevilla mit zwei der emblematischsten Sehenswürdigkeiten der Stadt: Stierkampfarena La Maestranza und Torre del Oro.

Der "Goldturm" -Torre del Oro- bildete den Abschluss der Mauer aus islamischer Zeit und diente der Kontrolle der Überfahrt über den Guadalquivir. Heute befindet sich hier das Schiffahrtsmuseum der Stadt.

SEVILLA

Andalusien ist das seit langer Zeit von Reisenden und Touristen aus aller Welt bevorzugte Gebiet.
Auf diesen Seiten werden wir versuchen, allen Glanz und Mystizismus, die ganze Vielfalt und Besonderheit dieser Region zu zeigen.
Wir beginnen unsere Rundreise mit Sevilla, der wichtigsten Stadt Andalusiens, einer der schönsten Städte der Welt.
Die Provinz Sevilla liegt in der Flussniederung des Guadalquivir, grenzt im Norden an Sierra Morena und im Süden an die Gebirgsgruppe, die sich von Sierra Nevada bis zum Kap Tarifa hinzieht.

Auf dem linken Ufer dieses alten Flusses, den die Römer «Betis» nannten, befindet sich das antike «Hispalis», Hauptstadt der «Bética», des heutigen Andalusien.
Sie ist geographisch und klimatisch privilegiert, Ortega y Gasset nannte sie «die Stadt der Reflexe».
Zu diesen natürlichen Gegebenheiten sind die Fassaden ihrer weiss gekalkten Häuser zu zählen, die Balkone voller Blumen, ihre römischen und orientalischen, vor allem andalusischen Innenhöfe und die unzähligen Bauwerke.
Von Cäsar erobert, wurde sie römische Hauptstadt der «Bética». Nachdem sie 712 die Araber unter dem Befehl Muzas erobert hatten, hiess sie «Ixbilia» und

Der imposante Bau der Kathedrale, hinter der sich der graziöse Giralda-Turm erhebt.

wurde zu einer der wichtigsten Städte von Al Andalus, bis Ferdinand III sie im Jahre 1248 zurückgewann. Nach der Entdeckung Amerikas war sie koloniales Handelszentrum, wodurch sie zur Metropolis der Neuen Welt aufstieg.

Ferdinand VII verlegte die Regierung während der französischen Invasion (1823) nach Sevilla.

Durch Sevilla sind tausendjährige Zivilisationen gekommen, «tartesos», Phönizier, Römer, Vandalen, Araber und Kastilier. Alle haben ihre Spuren hinterlassen: an den Bauwerken, in der Landschaft, im Geist und in der besonderen, unbestimmbaren Atmosphäre dieser Stadt, die Velázquez, Murillo, Juan de Mesa, Zurbarán, Bécquer, Merimée, Rossini etc. inspirierte.

Die historische Bedeutung Sevillas fand ihren Höhepunkt in der Organisation der Weltausstellung 1992, mit der die Stadt endgültig in die Zukunft gestartet ist. Dabei wurden Tradition und Moderne harmonisch miteinander vereinbart. Die Legende berichtet, dass der Guadalquivir eigens für Sevilla erschaffen wurde. Obwohl das schwer zu beweisen ist, bestreitet niemand, dass in Sevilla eine Reihe von Wunderwerken der Kunst versammelt sind, die zu Ehren der Hauptstadt gebaut wurden. Am Fluss erhebt sich zur Verteidigung des Hafens der Goldturm, von dem man behauptet, er heisse so, weil er mit vergoldeten Mosaiken bedeckt war. Seine zwölfeckige Anlage wurde 1220 gebaut und die Laterne im XVIII. Jahrhundert zugefügt.

Im Altar-
raum, der
mit einem
herrlichen
Gitter im
Platereskenstil
abgeschlos-
sen ist,
befindet
sich ein
grossartiges
und
gigantisches
gotisches
Retabel, ein
kostbares
Juwel der
christlichen
Kunst.

In der Hauptsakristei steht die Monstranz von Juan de Arfe, ein Höhepunkt der Gold- und Silberschmiedekunst der Renaissance.

Dieser Turm und die Giralda sind die beiden einzigartigen Bauwerke Sevillas.

Die Giralda steht auf römischen Steinen, obwohl ihr Bau aus dem Jahr 1184 datiert. Zwischen 1558 und 1568 krönte sie der Architekt Hernán Ruiz aus Córdoba mit einem Bauteil, bestehend aus fünfundzwanzig Glocken und einer enormen Glaubensstatue, die volkstümlich «Giraldillo» heisst.

Heute vervollständigt die Giralda die majestätische Kathedrale Sevillas, die an der Stelle der früheren Hauptmoschee steht und 1248 zur christlichen Kathedrale geweiht wurde.

Von der alten Moschee ist heute nur noch der Orangenhof erhalten, der frühere «sahn».

Der Bau der Kathedrale begann im Jahre 1401. Was die Dimensionen angeht, so wurde sie als zweitgrösste Kathedrale der Christenheit entworfen. Sie besteht aus fünf gotischen Schiffen und einem grossen Kreuzschiff, das die Hauptkapelle beherbergt, beherrscht von einem der prachtvollsten Altarwerke der Christenheit (1482-1525), das Pieter Dancart, Jorge und Alejo Fernández herstellten. Das Gitter dieser Kapelle (1518-1533) fertigten Fray Francisco de Salamanca und andere Künstler an.

An dem wunderschönen Chorgestühl arbeiteten Nufro Sánchez und Dancart.

Ein majestätisches Werk ist das Grab von Christoph Kolumbus, das Arturo Mélida 1891 herstellte.

Die Sakristeien beherbergen unschätzbare Werte, unter anderen in der Hauptsakristei den Teneberleuchter, Kandelaber von 1559, die Monstranz von Juan de Arfe (1587), das Elfenbeinkruzifix von Alonso Ca-

Gegenüber der Puerta de San Cristóbal, die auch Puerta del Príncipe genannt wird, liegt die Gruft von Christoph Kolumbus, ein romantisches Werk von Arturo Mélida.

no (XVII. Jahrhundert), die «Kreuzabnahme» von Pedro de Campaña und die Alfonsinischen Tafeln (Heiligenschrein von 1280). In der Sakristei der Kelche sin der Christus der Gnade, eine Figur von Martínez Montañés (1604) und Gemälde von Murillo, Valdés Leal, Zurbaràn, Ribera, etc. ausgestellt. In den Bibliotheken (des Kapitels und von Kolumbus) werden Druck- und Handschriften von grossem Wert aufbewahrt.

Die plateresske Königliche Kapelle (1550-1575) befindet sich in der Apsis. Darin die Nischen mit den Gräbern von Alfons X dem Weisen und seiner Mutter. Am Fuss des Hochaltars eine prächtige Silberurne, in der die sterblichen Reste König Ferdinands, des Heiligen, verehrt werden, und in der Krypta die Grabstätten von König Peter dem Grausamen und María de Padilla. Unter den Schätzen der Königlichen Kapelle sind die liturgischen Ornamente und das Schwert des Heiligen Ferdinand hervorzuheben.

Ausserdem bewahrt die Kathedrale unzählbare Kunstschätze, Skulpturen, Gemälde, Goldschmiedearbeiten, Gitter und Glasfenster.

Die Königlichen Alkazare Sevillas sind das wichtigste Beispiel für Zivilarchitektur der Stadt.

Von seinen Almohaden-Ursprüngen ist der rechteckige Gipshof mit Bogenwerken und einem zentralen Sammelbrunnen geblieben.

Alle Bewohner hinterliessen hier und dort ihre Spur. Aber grundsätzlich ist der Alkazar, den wir heute bewundern können, der von Peter dem Grausamen gebaute, den später Isabella I von Kastilien und Ferdinand V von Aragonien sowie Karl V umbauten. Hervorhebenswert der Mädchenhof, der das schönste Beispiel eines Mudejar-Hofes der spanischen Architektur ist.

Zu den wichtigsten Sälen gehört der Botschaftersalon und das Schlafzimmer der maurischen Könige. Das letztere, rechts vom Mädchenhof, hat herrliche Türen. Im Botschaftersalon ist alles grossartig: der

Der Giralda-Turm, das Wahrzeichen Sevillas, ist fast einhundert Meter hoch und ein hervorragender Aussichtspunkt, von dem aus man die ganze Stadt überblicken kann.

Fliesensockel, die Türen, die Täfelung, die Kuppel, etc.

Im Obergeschoss verweisen wir auf die sogenannte Hauskapelle des Königspaars Isabella und Ferdinand, mit einem höchst merkwürdigen Altar, der mit vielfarbenen Kacheln bedeckt ist.

Ein besonderes Kapitel sind seine Gärten, die arabisch, im Mudejar- und im Renaissancestil angelegt sind, alle mit kapriziösen Springbrunnen verziert.

Weitere zivile Gebäude sind: das Generalarchiv von Spanisch-Amerika (Casa Lonja), dessen Baupläne Juan de Herrera zu verdanken sind und Ende des XVI. Jahrhunderts entstanden. Das Generalarchiv von Spanisch-Amerika beherbergt die wichtigsten Dokumente der Entdeckung und Eroberung Amerikas, Schriftbündel, Karten, Briefe, etc.

Der Bau des Pilatus-Hauses begann Ende des XV. Jahrhunderts und endete, als sein Besitzer, der erste Marquis von Tarifa, von einer Reise nach Jerusalem zurückkam und ihm diese Mischung an islamischer und Renaissanceästhetik beibrachte. Der Name geht auf den anfänglichen Glauben zurück, der Palast sei eine Reproduktion des Prätorium von Jerusalem. Er hat einen herrlichen Renaissancehof mit einem eleganten, von vier Delphinen gestützten Brunnen. Die Winkel zieren eindrucksvolle Minerva-Statuen.

In diesem Paragraphen ziviler Architektur verweisen wir auf das Rathaus, ein grosses Beispiel spanischen Platereskenstils, den barocken San-Telmo-Palast und die Tabakfabrik, die heute Universität ist und als das grösste Bauwerk Spaniens nach dem Eskorial gilt.

Durch die Weltausstellung Expo 92 hat die Stadt auf der Cartuja-Insel einen neuen Raum gewonnen, der sich durch moderne Gestaltung und Infrastruktur auszeichnet. Hier gibt es ausgedehnte Parks und verschiedenste Anlagen, vor allem für die Freizeitgestaltung.

Das Kreuz Cruz de la Cerrajería auf dem Plaza de Santa Cruz, ein originelles, schmiedeeisernes Filigranwerk aus dem Jahre 1692.

Der Patio de las Doncellas im königlichen Palast, den Reales Alcázares, weist eine auserlesene Dekoration in Gips mit geschlungenen Verzierungen auf (vom Patrimonio Nacional genehmigte Reproduktion).

Die Feria de Abril ist ein grosses, schönes Volksfest. Die geschmückten Casetas, die Frauen in festlichen Flamenco-Kleidern und die Reiter sind aus diesem Fest einfach nicht wegzudenken.

Der Plaza de España, krönender Abschluss des María-Luisa-Parkes bildet einen Halbkreis mit 200 m Durchmesser.

Fassade des Museums für Schöne Künste, das sich in einem alten Mercedarierkloster befindet.

Haupttreppe des Palastes Casa de Pilatos. Er wurde im 16. Jh. erbaut und ist mit reichen Ornamenten im Mudejarstil geschmückt.

Blick auf den Plaza de América und den Platereskpavillon, Sitz des Archäologischen Museums.

An Museen hat Sevilla ein wichtiges für Schöne Künste, das in einem alten Mercedarierkloster eingerichtet ist. In seiner ausgezeichneten Bildersammlung sind Werke von Pacheco, Zurbarán, Murillo, Valdés Leal, etc. vertreten. In einem der Pavillone des Amerika-Platzes, mitten im Maria-Luisa-Park, befindet sich das Archäologische Museum mit vielen hochinteressanten Stücken, von denen wir die «Jagende Diana», den «Merkur», eine Trajan-Büste und den Schatz von El Carambolo, tartessischen Ursprungs, hervorheben.
In Sevilla muss man in den Strässchen, Stadtvierteln und Gärten spazierengehen, am besten in der Karwoche oder während der «Feria de Abril».

Im Mudejarpavillon, der anlässlich der Iberoamerikanischen Ausstellung 1929 errichtet wurde, befindet sich heute das Museum für volkstümliche Künste und Sitten.

MUSEO DE ARTES
COSTUMBRES

Der San Telmo-Palast ist wegen seines Portals im Churriguera-Stil hervorzuheben.

Von den Alkazargärten haben wir schon gesprochen, aber dazu kommen die von Catalina Ribera, welche die Alkazarmauern säumen, die Murillo-Gärten und vor allem die des Parks Maria Luisa sowie die Delicias-Gärten, die am ganzen Guadalquivir-Ufer entlanglaufen.

Im Park Maria Luisa liegen die Gebäude der Iberoamerikanischen Ausstellung mit den Plätzen Amerika und Spanien. Die Gärten waren in britischem Stil geplant, aber später wurden sie von Forestier umgestaltet, der die Unzahl an Kachelarbeiten, Sammel-und Springbrunnen entwarf.

Man behauptet, Sevilla rieche nach Orangenblüten. Am besten kann man das im Stadtviertel Santa Cruz feststellen. Dorthin gelangt man entweder über den Alkazar oder die Gasse Santa Marta.

Hier konzentrierte sich nach der Wiedereroberung das Judenviertel. Im XVI. Jahrhundert erreichte es zum Teil sein heutiges Aussehen, indem man die Fassaden verbreiterte, die Fenster mit Gittern und Jalousien schützte und geräumige Höfe baute. Im XIX. Jahrhundert konsolidierte man den Stil des Stadtteils mit der Anbringung grosser Gittertüren, die den Vorübergehenden erlauben, von der Strasse her die Innenhöfe zu bewundern.

Im Labyrinth der Gässchen gibt es einige sehr lebhafte und legendäre: Vida (Leben), Agua (Wasser), Pimienta (Paprika), Gloria und Jamerdana. Über das

Am Plaza del Triunfo neben der Kathedrale liegt das Gebäude des Archivo General de Indias.

Stadtgebiet verstreut gibt es Plätzchen wie das von Doña Elvira oder das von Santa Cruz, wo das Schlosserei-Kreuz zu finden ist, ein originelles Eisenfiligran des XVIII. Jahrhunderts, wo Murillo begraben wurde.

Seit dem XVI. Jahrhundert feiert Sevilla die Karwoche mit dem ganzen religiösen Eifer, den ein solches liturgisches Ereignis verdient.

Der Sevillaner organisiert sich in Bruderschaften, die ihre Verehrung durch die Prozession von «pasos» (Gruppen aus der Leidensgeschichte Christi) ausdrücken. Die Figuren sind meist wahrhafte Kunstwerke von Heiligenbildschnitzern wie Martínez Montañés, Juan de Mesa, etc. Die mit Tuniken und Kapuzen gekleideten Mitglieder der Bruderschaft begleiten die «pasos», die sich dank der Geschicklichkeit der Träger im Rhythmus der Trompeten und Trommeln fortbewegen und nur anhalten, wenn der herzbrechende Gesang der «saeta» erklingt.

Der ganze religiöse Eifer der Sevillaner kleidet sich in Festlichkeit und Farbe, um die April-Messe zu feiern. Ein Teil der Stadt ist Messegebiet, auf dem hunderte von Häuschen aufgestellt werden, wo im Rhythmus der fröhlichen «sevillanas» getrunken und getanzt wird.

Durch die improvisierten Gässchen defilieren mit Glöckchen geschmückte Reitpferde, und die jungen Mädchen prangen mit ihren besten Schleppenröcken.

In der Karwoche: Der "Paso" Nuestro Padre Jesús de la Pasión.

Eine Szene der Rocío-Wallfahrt, eine Festlichkeit, die in Sevilla tief verwurzelt ist. Der Camino del Rocío, der Weg bis zur Wallfahrtskapelle von Rocío in Almonte (Huelva), wird zu Fuss zurückgelegt.

Karwoche: Bildnis von Nuestra Señora de la Hiniesta.

Die anläßlich der Weltausstellung von 1992 errichtete Puente de la Barqueta verbindet die Stadt mit der Cartuja-Insel.

Aber wir verlassen Sevilla nicht, ohne den ausgezeichneten Geschmack seiner gebratenen Fischchen oder seiner «tapas» probiert zu haben, die man im Vorbeigehen in jeder Bar oder Taverne mit dem Wein der Nachbargebiete der Provinz Cadiz zu sich nehmen kann.

Blick auf den Palast des Königs Peter im Ort Carmona.

Die Alhambra mit der schneebedeckten Sierra Nevada im Hintergrund.

GRANADA

Die Stadt Granada ist herrlich gelegen. Sie nimmt eine ausgedehnte, fruchtbare Ebene und drei Hügel ein: den Sacromonte, den Albaicín und den Hügel der Alhambra, der von den vorigen durch den Flusslauf des Darro getrennt wird. Im Hintergrund erhebt sich majestätisch die weisse Sierra Nevada.

Der Ursprung der Stadt hängt mit einem primitiven Ort zusammen, den ein iberischer Stamm gründete, die «turdulos». Im V. Jahrhundert vor Christus wird sie von Hekateos von Milet mit dem Namen «Elibyrge» erwähnt. In dieser Zeit werden bereits Münzen geprägt, auf denen Allegorien der Sonne zu sehen sind. Diese Praxis wird unter der Herrschaft der Römer fortgesetzt, die ihre Stadt, «Iliberri», zwischen den Stadtteilen der Alcazaba und des Albaicín errichten.

Obwohl die Araber Granada durch Waffengewalt unterwerfen, erreicht die Stadt ihre grösste Glanzzeit unter ihrer Herrschaft, besonders ab 1238 mit der Gründung eines Nazariten-Emirats, von dessen Pracht und Grossartigkeit uns die schönen Gebäude und vortrefflichen Gärten sprechen, die auf unsere Tage gekommen sind. 1492 wird die Metropolis von Isabella I von Kastilien und Ferdinand V von Aragonien zurückerobert, die, wie ihre Nachfolger, besonderes Interesse zeigen, sie weiter zu verschönern. Die

Machuca-Park und -Turm. Hier lebte der Baumeister des Palastes Karls V.

moderne Stadt entsteht, und um die Kathedrale tauchen prächtige Bauwerke im Renaissance-, Barock- und neoklassischen Stil auf.

Unter allen Gebäuden, welche die Stadt zieren, überragt ohne Zweifel das architektonische Wunder der Alhambra.

Sie wurde auf dem Hügel errichtet, den die Araber Asabica nannten — von Alhamar, dem Gründer der Nazaritendynastie —, und von seinen Nachfolgern Yusuf I und Mohammed V beendet, denen die meisten Bauten entsprechen, die auf uns gekommen sind.

Das Tor Puerta de la Justicia aus dem 14 Jh. in einem der Türme der Alhambra-Mauer. Brunnen Karls V.

Der Mexuar-Saal, wo der Rat zusammentrat, wurde in der Christenzeit in eine Kapelle umgewandelt.

Auf dem Fundament einer alten Festung angelegt, besteht sie aus der von Alhamar wiederaufgebauten Alcazaba und dem Königlichen Haus oder Palast der maurischen Könige Granadas, wo die arabischen Monarchen residierten.
Der Name Alhambra kommt von «calat-alhamrá» (rote Burg) und bezieht sich auf den rötlichen Ton der Mauern, obwohl der Chronist Aben Aljatib diese Farbe darauf zurückführt, dass der Wiederaufbau der alten Festung nachts, beim rötlichen, phantastischen Wiederschein der Fackeln stattgefunden habe.
Die Alhambra überrascht durch ihre äussere Nüch-

Patio de Mexuar und Fassade des Goldenen Zimmers.

Gang um den Myrtenhof, dem Patio de los Arrayanes, von dem aus man in den Sala de la Barca gelangt.

Ansicht der Mauer des Myrtenhofes. Fliesen und Kalligraphie als Dekorelemente einer originellen und einzigartigen Kunst.

ternheit, die nichts von den Schätzen vorwegnimmt, die ihr Inneres verbirgt. Um zu ihnen zu gelangen, muss man das Gerechtigkeitstor des XIV. Jahrhunderts durchqueren, das einen grossen Hufeisenbogen und im Schlusstein eine gravierte Hand zeigt, die für die einen ein Talisman gegen den bösen Blick und für andere das Emblem der fünf Vorschriften des Koran ist: Fasten, Gebet, Almosen, Pilgerfahrt nach Mekka und Glauben an die Einheit Gottes. Der heutige Palasteingang führt uns zum Mexuar-Saal, der ursprünglich für die Justizverwaltung bestimmt war und später christliche Kapelle wurde. Im Hintergrund hat er einen kleinen Betraum, von dem man ausgezeichnete Sicht auf den Albaicín hat.

Auf der Nordseite des Mexuar-Hofs kommt die Vorhalle mit drei Bogen zum Vorschein, die dem sogenannten «Vergoldeten Zimmer» vorausgeht, das Mohammed V baute, wie aus einer der Inschriften hervorgeht. Dann kommt man zum grossen Myrtenhof, der zwei Seiten mit Vorhallen aus sieben halbkreisförmigen Bogen zeigt, von denen der mittlere grösser ist, auf reich verzierten Säulen. Die beiden anderen sind länger und einfacher. In der Mitte gibt es einen von Myrten gesäumten Teich mit Marmorpfeilern an den äusseren Enden. Hinter der nördlichen Vorhalle befindet sich der Schiffssaal, der dem Thronsaal vorausgeht und als Wartesaal für die königlichen Audienzen gedient haben muss, die im Botschaftersaal im angrenzenden Comares-Turm gehalten wurden. Dieser Saal, der grösste des Palasts, war Schauplatz der grossen Empfänge, und man erzählt, dass hier die Übergabe Granadas an das Königspaar Isabella und Fernando vereinbart wurde. Er zeigt grossartige Gipsarbeiten und Kacheln an den Wänden sowie ein ausgezeichnetes Täfelwerk aus geschnitztem Zedernholz an der Decke.

Der wunderschöne Patio de los Arrayanes, der auch Patio de la Alberca, del Estanque oder del Mirto genannt wird, war einmal das Herz aller offiziellen Aktivitäten.

Der Botschaftersaal, der grösste im Palast, war Schauplatz grosser Empfänge.

Der Saal der Abencerragen mit geschlungenen Gewölbedecken und Sternenkuppel.

Vom Myrtenhof gelangt man durch den Saal der Schleifenverzierungen in den bekannten Löwenhof, der seinen Namen von den zwölf Löwen hat, die den zentralen Brunnen stützen. Die Derbheit des ganzen kontrastiert mit den eleganten, zarten Linien der umgebenden Galerie, die auf feinen Säulen aus weissem Marmor ruht.

Der Hof verbindet mit prachtvollen Nebenräumen, wie dem Abencerrajen-Saal, dem der Könige oder dem der Beiden Schwestern.

Der erstere heisst so zur Erinnerung an die Edelleute dieser Familie, die der Legende zufolge in diesem Raum enthauptet wurden. Ihre Köpfe wurden im zentralen Brunnen aufgehäuft, weshalb der Volksmund versichert, dass die Eisenoxydflecke in dem ausgezeichneten Marmorbecken Abencerrajen-Blut sind. Im Saal sind blau gemalte, gut gemeisselte und bemerkenswert stilreine Kapitelle erhalten sowie eine prächtige Kuppel mit Schleifenverzierungen.

Die Alkoven des Saals der Könige, die wahrscheinlich königliche Schlafzimmer waren, zeigten Gewölbe, die mit Gemälden bedeckt waren, die wegen ihres Stils einem christlichen Künstler Ende des XIV. oder Anfang des XV. Jahrhunderts zugeschrieben wurden.

Im zentralen Alkoven erscheinen die ersten zehn Könige der Nazariten-Dynastie, in den restlichen Jagdszenen, Turniere, Spiele und Liebesgeschichten.

Rund um den Löwenhof verläuft eine Galerie, die von 124 schlanken Säulen aus weissem Marmor getragen wird.

Der Sala del Reposo heisst nicht umsonst Ruhesaal - alles hier lädt zu einer Erholungspause ein.

Eine Ansicht des Ruhesaals, in der die Mehrfarbigkeit des Palastes gut zu erkennen ist.

Der Saal der Beiden Schwestern ist mit einer herrlichen, schleifenverzierten Kuppel bedeckt, die, wie die Inschriften der Wände lauten, wegen ihrer Perfektion würdig ist, mit dem Himmelsgewölbe verglichen zu werden.
Eine Tür verbindet mit dem Ajimeces-Saal. Dieser Raum und der anschliessende sogenannte Daraxa-Erker gehörten zu den Gemächern, die der Sultanin vorbehalten waren. Beide sind raffiniert und erlesen verziert.
Von dem Daraxa-Garten aus kann man den Gitterhof und den Bädersaal besuchen.
Bei der Wiederherstellung der Königlichen Bäder im XIX. Jahrhundert wurden die ursprünglichen Farben Gold, Blau, Grün und Rot zurückgewonnen, so dass wir uns die Farbtöne vorstellen können, die der Palast ursprünglich hatte. Im Ostteil des Alkazars befinden sich die Partal-Gärten. Sie bilden Terrassen bis zum Damen-Turm mit einer vorzüglichen Vorhalle, arabisch «partal», mit fünf Bogen, durch die man zu einem Saal mit herrlicher Decke und zu einem Erker gelangt, der einen grossen Teil seiner Gipsarbeiten bewahrt hat. Von seinen Fenstern sieht man den Darro und den Sacromonte.
Bereits ausserhalb der Alhambra, aber eng mit ihr verbunden, befindet sich der Generalife, die Sommer-

Der Park Jardines del Partal und der Turm Torre de las Damas.

Luftaufnahmen des Palastes Karls V. Der kreisförmige Hof mit einem Durchmesser von 30 m hat eine doppelte Säulengalerie mit dorischen Säulen im oberen und ionischen im unteren Teil.

Der sogenannte "Alhambra-Krug", ein Meisterwerk der spanisch-arabischen Keramik des 14. Jh., ist eins der bedeutendsten Stücke des Hispanisch-arabischen Museums im Palast Karls V.

residenz der Nazariten-Herrscher, umgeben von üppigen Gärten mit zierlichen Springbrunen und Wasserspielen.

Zu dem im XIV. Jahrhundert gebauten Palast kommt man über die Promenade der Zypressen und Oleander. Das Gebäude besteht aus zwei Pavillonen, die durch den Acequia-Hof verbunden sind, in dessen Mitte ein langer Kanal verläuft, in den das Wasser vieler Springbrunnen fliesst. Begrenzt wird er von ei-

Patio de la Acequia im Generalife-Palast. ▷

"Passionstriptychon" von Dierick Bouts in der Königskapelle.

Mausoleum des katholischen Königspaars in der Königskapelle, ein Werk von Doménico Fancelli in Carrara-Marmor.

In der Krypta der Königskapelle ruhen die Reste des katholischen Königspaars.

Die Krone, das Zepter und die Schatulle der Isabella von Spanien und das Schwert ihres Gatten Ferdinand.

TORES·ET·HERETICE·PERVICACIE
EXTINCTORES·FERNANDVS·ARAGO
NVM·ET·HELISABETHA·CASTELLE
VIR·ET·VXOR·VNANIMES·CATHO
LICI·APPELLATI·MARMOREO·CLA
VDVNTVR·HOC·TVMVLO

"Cartuja" und Kreuzgang.

ner Galerie mit Arkaden und den Mauern der im XVI. Jahrhundert gebauten Residenz.

Ehe man die Alhambra verlässt, ist es unerlässlich, den Palast Karls V. zu besuchen, mit dessen Bau der Kaiser Pedro Machuca 1526 beauftragte. Obwohl er in bemerkenswertem Kontrast zum arabischen Bauwerk steht, ist sein klarer Renaissancestil bewundernswert. Sein grosser Innenhof von 30 Metern Durchmesser ist einer der schönsten der spanischen Renaissance. Der Palast beherbergt das Museum für Spanisch-Musulmanische Kunst.

Unter den christlichen Bauwerken der Stadt ist die Königliche Kapelle hervorzuheben. Sie wurde im Auftrag von Isabella I von Kastilien und Fernando V von Aragonien, die in Granada begraben werden wollten, in gotischem Schnörkelstil erbaut.

Ihr Grundriss ist ein lateinisches Kreuz, und das Kreuzschiff wird von einem ausgezeichneten vergoldeten Gitter des Meisters Bartolomé de Jaén abgeschlossen. Hervorragen die wertvollen flämischen Schnitzereien und Figuren, der Aufsatz des Hochaltars und die Gräber des Königspaars und seiner Kinder.

Die ursprüngliche gotische Tür der Kapelle, innerhalb der Kathedrale, ist mit den Wappen Isabellas I. und Ferdinands V. geschmückt.

Die Kathedrale ist eine der hervorragendsten Renaissancekirchen. Ihre Bauarbeiten begannen 1518 und endeten schliesslich 1704. Die barocke Hauptfassade ist ein Meisterwerk von Alonso Cano (1667). In ihrem Inneren ragt die kreisförmige Hauptkapelle mit ausgewogenen Proportionen hervor.

1506 wurde mit dem Bau des Klosters La Cartuja an der Landstrasse von Alfacar begonnen. Seine Sakristei ist ein einzigartiges Beispiel des spanischen Barock. Barock ist auch die Ornamentierung des Sancta Sanctorum, die Francisco Hurtado Anfang des XVII. Jahrhunderts ausführte.

Sehenswert ist der Albaicín, das alte Maurenviertel, das insgesamt sein ursprüngliches typisches Aussehen und seinen alten städtischen Entwurf beibehalten hat. Seine Strassen mit maurisch anmutenden Häusern und den berühmten «cármenes» oder Gärten klettern über den Hügel, der sich vor der Alhambra erhebt.

Von dem Platz San Nicolás geniesst man eine eindrucksvolle Sicht auf die Alhambra, den Generalife und die Unterstadt.

Von der Mitte der Chapiz-Anhöhe geht der Weg zum Sacromonte, der sich, je weiter man zum Berg hinaufkommt, mit Höhlen bevölkert, wo zum Klatschen der Hände und zum Klang der Gitarren Zigeuner tanzen. Der ideale Ort, um ein Andenken an die Stadt zu erwerben, ist ohne Zweifel die Alcaicería, die in anderen Zeiten der arabische Seidenmarkt war und gemäss der ursprünglichen Anordnung wiederaufgebaut wurde.

Gegenüber von der Alhambra stehen die Häuser auf dem Albayzín genannten Hügel, auf dessen höchstem Punkt die Kirche San Nicolás steht - ein hervorragender Aussichtspunkt Über die Stadt.

Die Alcalcería, der alte muselmanische Seidenmarkt, der nach den Originalplänen wieder aufgebaut wurde.

Über der Stadt Granada erhebt sich die Sierra Nevada, die Gebirgskette, die von der gesamten Orographie der Iberischen Halbinsel die höchsten Höhen erreicht. Drei hohe Gipfel überragen alle anderen — der Mulhacén (3.482 m), der Veleta (3.398 m) und der Alcazaba (3.366 m) — und laufen dann nach Süden in einem sanften Bergkamm aus.
Über eine Landstrasse, die bis auf 3.390 m hoch führt und damit wohl die höchste Europas ist, kann man den Pico Veleta erklimmen, der auch mit einer Kabinenseilbahn zu erreichen ist. Von dort oben hat mein einen herrlichen Rundblick: In Richtung Mittelmeer erstreckt sich die Alpujarra, ein Landstrich aussergewöhnlicher Schönheit mit abgestuften Hängen, die von wechselnder Vegetation bedeckt sind — von den Pinien und Kastanien in den Höhen bis hin zu den Obstbäumen der Gärten in den Tälern. Und auf der Atlantikseite, also in Richtung der Stadt Granada, herrschen scharfe Umrisse mit tiefen Abgründen und fast senkrechten Abhängen vor.
Am Fusse des Veleta liegt die Skistation von Sierra Nevada, wo man auf 2.500 Hektar dem Skisport frönen kann. Der Ort selbst, zu dem die Pisten gehören, heisst Pradollano und liegt auf 2.100 m Höhe. Er ist von Granada aus über die Landstrasse in nur 30 Minuten zu erreichen. Hier gibt es alles das an Infrastruktur, was die Wintersportliebhaber brauchen, u.a. ein Hochleistungssportzentrum und ein vielfältiges Angebot für Unterkunft und Unterhaltung. Die Skistation, deren Ursprünge sich bis zum Anfang dieses Jahrhunderts zurückverfolgen lassen, verfügt über eine solide, nationale und internationale sportliche Tradition. Im Sommer wird das Angebot der Sierra Nevada mit anderen Sportarten wie Wandern, Reiten oder Mountain Biking u.a. abgerundet. Und dazu kommt noch die unvergleichliche Schönheit der Natur und Landschaft hinzu.

Die Skistation von Sierra Nevada am Fusse des Pico Veleta.

Blick vom Gibralfaro-Hügel auf Málaga mit der Stierkampfarena im Vordergrund.

MALAGA

Die Hauptstadt Malaga, die «Stadt des Paradieses» des Dichters Aleixandre, liegt an bevorzugter Stelle an der Mündung des Guadalmedina, dem Mittelmeer zugewandt, am Fuss des Hügels Gibralfaro.
Ihre ausgezeichnete geographische Lage erklärt die Vielzahl von Völkern, die sie besucht haben: Phönizier, Griechen, Karthager, Römer,... Unter arabischer Herrschaft wurde sie Hafen des Königreichs Granada und eine der wichtigsten andalusischen Städte. Nachdem Malaga 1487 von Isabella I von Kastilien und Ferdinand V von Aragonien zurückerobert war, verstand es, diese Bedeutung im Laufe der Jahrhunderte beizubehalten, bis es in unserer Zeit durch den touristischen Auftrieb eine moderne Stadt wurde.
Vom Reichtum der Geschichte Malagas geben seine Bauwerke Zeugnis, unter denen die Kathedrale hervorragt. Die nach den Plänen von Diego de Siloé gebaute Kirche ist ein Renaissancebau mit Barockportal, der auf Initiative des Königspaars Isabella und Ferdinand über einer alten Moschee errichtet wurde. Die Bauarbeiten begannen 1528 und endeten im XVIII. Jahrhundert, obwohl der rechte Turm unvollendet blieb.
In ihrem Inneren sind die Kapellen Santa Bárbara, mit einem schönen gotischen Altarwerk, und die wiederaufgebaute Unserer Lieben Frau der Könige hervor-

Die Kathedrale von Málaga wurde zwischen dem 16. und 18. Jh. von mehreren Baumeistern errichtet.

zuheben, die ein Altarwerk von Pedro de Mena mit den betenden Statuen des Königspaars aus mehrfach gefärbtem Holz enthält. Von Pedro de Mena ist auch ein grosser Teil des herrlichen Chorgestühls, dessen Figuren sich durch Natürlichkeit und Einfachheit auszeichnen.

Weitere sehenswerte Gotteshäuser sind die Sagrario-Kirche, mit gotischem Portal und Hochaltar des XVI. Jahrhunderts, der aus Becerril de Campos (Palencia) stammt; die Santiago-Kirche, wo Picasso getauft wurde, mit einem aussergewöhnlichen Mudejarturm. Die Barockkirchen San Pedro und Santo Domingo; die neugotische San-Pablo-Kirche und das Heiligtum der Mutter Gottes des Sieges, das von Isabella I von Kastilien und Ferdinand V von Aragonien gegründet und Ende des XVII. Jahrhunderts in barockem Stil wiederaufgebaut wurde. Im Inneren ist eine grossartige Schmerzensreiche von Pedro de Mena und die eindrucksvolle Krypta, Pantheon der Grafen von Buenavista, XVII. Jahrhundert, erhalten. In der Kirche wird das Heiligenbild der Mutter Gottes des Sieges, der Schutzherrin der Stadt verehrt, eine gotische Figur des XV. Jahrhunderts.

In der Alcazabilla-Strasse befindet sich der Haupteingang der im IX. Jahrhundert gebauten Alcazaba, der alten Residenz der arabischen Gouverneure Malagas. Die Festung besitzt drei konzentrische Mauern. In ihrem Inneren gibt es drei Höfe mit schönen moriskischen Sammelbrunnen. Im Gebäude des Granada-Tors ist das Archäologische Museum der Stadt ein-

Patio de la Alcazaba. In diesem Palast, ehemals Residenz der arabischen Statthalter, befindet sich das Archäologische Museum. Neben der Gibralfaro-Burg ist er die wichtigste Sehenswürdigkeit aus dem Málaga der musulmanischen Zeit.

Die Alcazaba. Exerzierplatz.

Málaga. Der Plaza de la Mercéd mit Pablo Picassos Geburtshaus im Hintergrund.

"El Cenachero" auf dem Plaza de la Marina ist ein Werk von Jaime F. Pimentel.

Karwoche: Ankunft der Laienbrüderschaft der Studenten. Diese Szene findet auf dem Plaza del Obispo statt, wo Kathedrale und Bischofspalast mit dem Diözesanmuseum stehen.

gerichtet. Von der Höhe der Mauern hat man einen grossartigen Blick auf die Bucht.
Die Alcazaba ist mit der Burg Gibralfaro durch einen Gang zwischen den Mauern verbunden. Die Ursprünge der Burg gehen auf phönizische Zeiten zurück, obwohl die bemerkenswertesten Reste zur Araberzeit gehören.
Die Burg hat schattige Gärten, ist mit ansprechender Landschaft umgeben, und von ihren Mauern hat man eine ausgezeichnete Panoramasicht auf die Stadt, ihre Berge und die Bucht.
Andere wichtige Stellen der Hauptstadt Malaga sind die volkstümliche Chinitas-Passage und der Merced-

Bildnis der Virgen de la Amargura.

Die populäre Pasaje de Chinitas, im 19. Jh. ein Treffpunkt und heute ein Ort voller Tradition und Erinnerungen.

Typische Ansichten von Málaga: Kutschenzug zur Zeit der Feria de Agosto. Kutsche und Pferd im schönsten Schmuck.

Torremolinos. Luftansicht mit dem Strand El Bajondillo.

Platz, wo das Geburtshaus des grossen Genies der Malerei, Pablo Ruiz Picasso, steht.

Ganz nahe bei der Kathedrale dehnt sich auf dem Meer abgewonnenen Grund die Promenade des Parks aus. In ihren Alleen wachsen viele verschiedene, zum grossen Teil subtropische Blumengruppen mit einigen Arten, die in Europa einmalig sind. Der Park ist durch eines seiner äusseren Enden — über den Marina-Platz, wo die Statuen des Cenachero und des Jazminero stehen — mit der schönen Alameda-Promenade verbunden.

Vom Stadtzentrum entfernt befindet sich das typische Viertel El Palo, ein altes Fischerdorf, wo man heute den «pescaíto frito» (gebackene Fischchen)

Benalmádena. Die Bil-Bil-Burg, ein modernes Gebäude im arabischen Stil, das das Städtische Kulturzentrum beherbergt, und eine Luftansicht.

Der Fischerhafen Fuengirola.

Die Kirche Iglesia de San Cristóbal in Mijas, einem echt andalusischen Dorf.

Das Eselstaxi, eine pintoreske Figur aus Mijas.

Luftaufnahme von Puerto Banús, eine neue Siedlung mit bedeutendem Hafen.

oder jede andere köstliche Spezialität in einer seiner belebten Strandbars probieren kann.

Malaga ist reich an Traditionen und Festen. Eine der populärsten Veranstaltungen sind «Los Verdiales», bei denen Gesänge und Tänze aufgeführt werden, die einige sogar für älter als den Flamenco-Gesang halten.

In der Karwoche erlebt ganz Malaga voller Gemütsbewegung die feierlichen Veranstaltungen: die Befreiung eines Gefangenen, die jeden Mittwoch der Karwoche das Heiligenbild des Nazareners gewährt; die Prozession des Gründonnerstag mit dem Christus des Guten Todes und der Mutter Gottes der Bitternis; die Passionsgruppen der Bruderschaften, von de-

Die Altstadt von Marbella zeichnet sich durch den unregelmässigen und anregenden Verlauf der Strassen und die weissen Häuser aus.

Die Brücke Puente Nuevo de Ronda überspannt in 90 m Höhe den Fluss Guadalevín.

Vélez-Málaga.

Typische Ecke von Frigiliana. Luftaufnahme des Torre del Mar. Altstadt von Estepona. Strand von Calahonda und "Europabalkon" in Nerja.

Casares ist ein malerisches Dorf auf einer Anhöhe, von der aus man einen herrlichen Blick hat.

Die beeindruckenden prähistorischen Höhlen von Nerja, wo das Licht die natürliche Schönheit noch hervorhebt.

nen eine so alt ist wie die der Studenten, im XVII. Jahrhundert entstanden...

Die Küste Malagas bildet mit derjenigen der Provinzen Granada und Almería die international bekannte Sonnenküste.

Mit mildem Klima und spärlichem Regen, landschaftlich abwechslungsreich, ist das Küstengebiet Malagas mit ausgedehnten Stränden, halbverborgenen Buchten und Orten besetzt, in denen der Besucher ausgezeichnete Hoteleinrichtungen und einen weiten Fächer an Unterhaltungen und Zerstreuungen vorfindet.

An der Westküste der Provinz befindet sich Torremolinos und seine ausgedehnten Strände. Fast wie eine Verlängerung dieser Ortschaft ist Benalmádena-Costa mit seinem grossen Vergnügungspark. Fuengirola erstreckt sich über einen langen Strand. Von diesem Ort führt die Landstrasse zum malerischen Mijas. Wieder im Küstengebiet, kommen wir zum kosmopolitischen Marbella und zum luxuriösen Puerto Banús. In Estepona lebt die moderne Strandpromenade mit dem alten Fischerdorf zusammen. Wenn man einmal die Küste verlässt, kommt man zum weissen Dorf Casares und nach Ronda, einem der interessantesten andalusischen Orte. Antequera ist bedeutend wegen seiner Baudenkmäler, mit Renaissance-und Barockwerken. Wieder an der Küste, finden wir den ausgedehnten Strand von Torre del Mar und Nerja, eine wahrhaft privilegierte Enklave.

Córdoba. Die Römerbrücke und die Albolafia-Mühle.

CORDOBA

Die Provinz Córdoba liegt in der Mitte Andalusiens, wo sie der Guadalquivir von Osten nach Westen durchkreuzt, indem er die Gebirgskette im Norden vom Land im Süden trennt. Córdoba war vor tausend Jahren die Hauptstadt des muselmanischen Spanien. Sie wurde nicht nur zur grössten Stadt, sondern auch zum grössten kulturellen und intellektuellen Zentrum der bekannten Welt, die zur europäischen Zivilisation mit grossen Persönlichkeiten wie Maimonides, Averroes, Aben Hazam, etc. beitrug.
1236 wurde sie von Ferdinand III dem Heiligen erobert. Vorübergehend war sie auch Hof des Königspaars Isabella I von Kastilien und Ferdinand von Aragonien. Hier beschloss Isabella, das Abenteuer von Kolumbus zu unterstützen.
Córdoba ist heute eine grossartige Stadt, in der sich die Kunst in jedem Winkel versteckt: Gässchen, Höfen, Plätzen, etc.
Córdoba ist unter anderem für seine Moschee bekannt, erwähnenswert sind aber ausserdem sein altes Araber-, sein früheres Judenviertel und seine Herrenhäuser.
Die Moschee Córdobas ist die maximale Darstellung der Kalifenkunst in der westlichen Welt. Ihre Ursprünge als muselmanische Moschee gehen auf das VIII. Jahrhundert zurück und als christliche Kathedrale auf

*Zweimal Moschee:
Säulenwald und West-
und Südfassade.*

Tor der Moschee mit Dekoration aus der Kalifenzeit.

Der Glockenturm bzw. das alte Minarett der Moschee-Kathedrale.

das Jahr 1236. In ihr sind zwei Kulturen, zwei Welten vortrefflich verbunden. Die Moschee war Ende des X. Jahrhunderts fertiggestellt, als Almanzor erster Minister des Kalifen Hixam II war. Sie war über einer westgotischen Kathedrale erbaut. Die Moschee besteht aus einem faszinierenden Labyrinth von Säulen mit rotweiss und grünen Streifen.

Eine der wichtigsten Stellen der Moschee ist der Mihrab, nach dem die mohammedanischen Gläubigen ihre Gebete richten. Ein achteckiger Raum, den eine wunderschöne Kuppel schliesst, mit erlesener Arbeit an den Bogenwerken und wertvollen Mosaiken, die Kaiser Konstantin VII dem Kalifen Alhaquem II schenkte. In der Moschee gibt es auch andere Kunstwerke von grossem Wert, von Meistern wie Valdés Leal, Pedro de Córdoba, Alonso Cano, etc.

Genau in der Mitte der Moschee ist die christliche Kathedrale eingeschlossen, die 1523 unter Karl V zu bauen begonnen wurde, aber erst 1776 mit der Herstellung des Chors und der Kanzeln fertiggestellt war. Hier existieren verschiedene Architekturstile beieinander: Renaissance mit gotischen Reminiszenzen, Materesken-, Herrera- und Barockstil.

Hervorhebenswert sind der Hochaltar aus rotem Marmor mit Gemälden von Palomino, die von dem französischen Bildhauer Michel de Verdiguer gebauten geschnörkelten Kanzeln und der Chor.

Um die Moschee herum gibt es eine ganze Reihe

Eingang zum Mihrab, ein ausserordentlich prunkvoll dekorierter Raum.

Mihrab-Kuppel: perfekte geometrische Progression und ausserordentliche Schönheit. Ein Geschenk des Kaisers Konstantin an den Kalifen Alhakem II.

Die übereinandergesetzten Säulenbögen aus rotem und blauem Marmor vor dem Mihrab.

Das Chorgestühl, ein von Pedro Duque de Cornejo im 18. Jh. aus Mahagoni-Holz aus Spanisch-Amerika gefertigtes Werk, stellt Szenen aus dem Alten und dem Neuen Testament dar, aus dem Leben der Jungfrau Maria und dem von Märtyrern aus Córdoba.

Hauptschiff der Kathedrale Córdobas. Der Hauptaltar wird von einem Retabel aus Carcabuey-Marmor, Gemälden von Antonio de Palomino und Skulpturen aus vergoldetem Holz von Pedro de la Paz beherrscht.

Denkmäler für drei illustre Männer aus Córdoba: Malmónides (1135-1205), ein Arzt und Denker hebräischer Herkunft in der Calle de Judíos; der Philosoph Averroes (1126-1198), dessen Statue direkt an den Mauern steht; und der Dichter Aben Hazam (994-1064) am Sevilla-Tor.

Parks des Palastes der christlichen Könige, wo das Wasser wie es arabische Tradition ist eine Hauptrolle spielt.

christlicher Kapellen: die Unserer Lieben Frau der Empfängnis, San Pedro und San Loranzo, etc. Wenn man durch die Vergebungstür hinausgeht, tritt man in den Orangenhof. Durch die Dechantentür erreichen wir das San-Jacinto-Portal und anschliessend den Bischofspalast, wo die westgotischen Gouverneure residierten.

Eines der besten Beispiele militärischer Architektur des XIV. Jahrhunderts ist der Alkazar der Christlichen Könige, der 1328 im Auftrag Alfons' XI. gebaut wurde. Er besteht aus drei Türmen: dem Löwen-, dem

Der Plaza del Potro ist eine der zauberhaftesten Ecken Córdobas.

Allianz- und dem Flussturm. Im Inneren gibt es eine wichtige Mosaikensammlung und einen prachtvollen römischen Sarkophag.
Im Judenviertel finden wir die Synagoge des XIV. Jahrhunderts mit einem bedeutenden Werk aus Stuck.
Córdoba hat auch ein grosse Anzahl prächtiger Kirchen, in denen verschiedene Stile verschmelzen, ausserdem wichtige Museen, in denen die besten Beispiele verschiedener Künstler und der Folklore Córdobas zusammengestellt sind.

Der Cristo de los Faroles wird von den Menschen tief verehrt.

Die Fülle der Pflanzen und die weiß getünchten Wände sind typisch für die populären Patios von Córdoba, deren Pracht während des Patio-Wettbewerbs von Córdoba, der anlässlich des Stadtfestes im Mai stattfindet, ihren Höhepunkt erreicht.

Denkmal zu Ehren von Manolete, dem berühmten Sohn der Stadt. Kirche Santa Marina de Aguas Santas.

"Poema a Córdoba" von Julio Romero de Torres im Museumshaus dieses genialen Malers aus Córdoba.

Die Menschen in Córdoba feiern die Karwoche mit grosser Hingabe und holen die "Pasos" zur feierlichen Prozession hervor.

Zwei Blicke auf die Ruinen von Medina Azahara. Vom ersten Kalifen Abderramán III. im 10. und 11. Jh. erbaut wurde diese herrliche Palaststadt zum Symbol der Pracht der Kalifenzeit.

IN DER UMGEBUNG VON CÓRDOBA

Die Umgebung der Stadt - Ländereien im Süden und Sierra im Norden - bietet dem Besucher die Möglichkeit zu Ausflügen in unterschiedlichste Landschaften. In der Sierra gibt es außerdem Orte von besonderem Interesse:
Am Fuße des sogenannten Brautbergs Monte de la Desposada liegen die Ruinen der alten Palaststadt Madinat al-Zahra oder **Medina Azahara.** Mit dem Bau begann man im Jahre 936 unter dem ersten Kalifen von Al-Andalus, Abderramán III., scheinbar zu Ehren seiner Lieblingsfrau Al Zahra. Im Jahre 1010 wurde der Komplex im Laufe des "Fitna", d.h. des Bürgerkriegs, der das Kalifat in Taifa-Königreiche zersplitterte, völlig geplündert und niedergebrannt. Im Jahre 1910 begannen die Ausgrabungen der Archäologen. Deren mühselige Rekonstruktionsarbeit gestattet es uns heute, einige der Säle zu besichtigen und mit eigenen Augen die aufwendige Dekoration dieses phantastischen Komplexes, der einmal Symbol für den Glanz der Kalifenzeit war, zu bewundern.
In der Nähe von Medina Azahara liegt das **Kloster San Jerónimo de Valparaíso.** Zu Beginn des 15. Jahrhunderts gegründet. Heute ist es Eigentum der Markgrafen von Mérito. Vom ursprünglichen Bau sind der Kapitelsaal, die Zelle des Abtes und der gotische Kreuzgang mit zwei Stockwerken, deren nüchterne Schönheit in Erstaunen versetzt, erhalten. Die Kirche wurde in der Barockzeit umgebaut.
Auf den Gipfeln der Sierra, auf einem Berg, den die einen den Gefängnisberg (Monte de la Cárcel) und die anderen den Vipernberg (Monte de la Víbora) nennen, steht die Einsiedelei von Córdoba. Die heutigen **Ermitas** wurden zwischen 1703 und 1709 gebaut, aber ihre Ursprünge lassen sich bis in die Zeit der Muselmanenherrschaft zurückverfolgen. Derzeit wird die Anlage vom Karmeliterorden verwaltet. Ein spektakuläres Herzjesudenkmal von Coullant Valera aus dem Jahre 1929 erhebt sich über die Gegend.

Luftaufnahme der Kathedrale von Jaén, die sich monumental über die alte Stadt erhebt.

JAEN

Es liegt eingeschlossen in der Mitte Andalusiens, zwischen Córdoba und Granada, am Fuss der Sierra de Jabalcuz.

Die Araber nannten es «Geen», Durchfahrtsweg oder -stelle für Karawanen, und traditionell nannte man es «Tor Kastiliens».

In Jaén ist ein hochinteressanter alter Teil mit klarem arabischen Einfluss erhalten.

Das wichtigste Baudenkmal der Stadt ist ihre Kathedrale, die auf dem Grundstück der alten Moschee errichtet wurde. An ihr findet man gotische, platereske, Renaissance- und Barockelemente.

1550 begann man mit dem Bau, zuerst unter Andrés de Vandelvira, dem sein Schüler Alonso Barba folgte. Erst zur Barockzeit wurden die Hauptfassade errichtet und die Gewölbe geschlossen.

Die Hauptfassade flankieren zwei Zwillingstürme, die mit Flachreliefs und Skulpturen von Pedro Roldán verziert sind. Die Fassade wird von einer Balustrade mit Statuen des Heiligen Ferdinand, der grossen Kirchengelehrten und der Evangelisten unterbrochen.

Der Grundriss der Kathedrale ist ein lateinisches Kreuz. Die drei Schiffe enden in Gewölben auf massiven korinthischen Säulen.

In der Mitte des zentralen Schiffs befindet sich der Chor mit grossartiger Stirnseite und Gestühl des XV. und XVI. Jahrhunderts.

Die Hauptfassade der Kathedrale, ein Werk von Andrés de Valdevira, der auch die Sakristei geschaffen hat.

Zwei Innenansichten der Kathedrale: Das ganze erhabene Bauwerk und der Chor sind reich an Ornamenten.

In der Hauptkapelle wird in einem Schrein aus Edelsteinen die Reliquie des Heiligen Gesichts aufbewahrt, die man für eines der Tücher hält, mit dem Veronika das Antlitz Christi reinigte.

Das Kathedralenmuseum ist in der Krypta der Sakristei eingerichtet. Die Kathedrale beherbergt wertvolle Kunstbeispiele, darunter Werke des Meisters Bartolomé, von Alonso Cano, Martínez Montañés, etc.

An die Kathedrale schliesst die Sagrario-Kirche des XVIII. Jahrhunderts an, das Werk des Architekten Ventura Rodríguez.

Interessant sind auch die Magdalenenkirche und die Kirche San Andrés im Mudejarstil mit jüdischen Reminiszenzen, was sie einer Synagoge ähnlich macht.

Karwoche: "Paso" Jesús Nazareno.

Die Purísima-Kapelle, die an die vorige anschliesst, mit einem Tafelgemälde der Mutter Gottes des Volkes und einem Spitzenwerk des Meisters Bartolomé, dem Gitter aus vergoldetem Eisen. Das Kloster der Barfüssigen Karmeliterinnen, in dem man das Manuskript des «Geistigen Gesangs» von San Juan de la Cruz bewundern kann. Die Kirche San Ildefonso mit gotischer, Renaissance- und Barockfassade. Das Kloster Santa Clara, eines der ältesten Jaéns, in dem noch immer ein hochgeschätztes Heiligenbild des Christus des Bambus aufbewahrt wird, wahrscheinlich aus der Schule Quitos, und das Santo-Domingo-Kolleg, das früher Kloster und arabischer Palast war, Wohnung des Heiligen Ferdinand und Sitz der Inquisition. Es besitzt eine Fassade mit einem ausgezeichneten Werk Vandelviras und einen schönen Kreuzgang mit toskanischen Säulen.

Wir verweisen auf das Provinzmuseum, in dem die Tür der Kirche San Miguel von Vandelvira, der «iberische Stier» von Porcuna und andere wertvolle Werke aufbewahrt werden.

In der Stadt gibt es auch interessante zivile Bauwerke, die uns die geschichtliche Bedeutung Jaéns zeigen. Wenn man sich in seinen engen, mit Kopfstein gepflasterten Gässchen verirrt, entdeckt man zahlreiche Herrenhäuser und Paläste, die bewundernswürdig mit den gekalkten Häusern und den purpurnen Dächern kontrastieren: die Paläste der Vilches, der Vélez, der Uribe und die Mudejarreste des Kronfeldherrnpalasts, und, alles beherrschend, die Burg

Santa Catalina (heute staatliches Hotel), die König Alhamar errichtete und Ferdinand III wiederaufbaute. Von hier kann man das prächtige Panorama bewundern, das sich von Sierra Morena bis Sierra Nevada erstreckt.

Ein Teil der Mauern, die von der Burg abwärts verlaufen und die alte Stadt umgaben, sind noch erhalten: die Wachtürme der Bischofstrasse, der Turm im Haus des Grafen Torralba und der Bogen San Lorenzo sind gute Beispiele.

Etwa 50 Km von Jaén liegen Ubeda und Baeza, beide wahrhafte Musterbeispiele für Kunst und Geschichte.

Baeza vereint an seinen Baudenkmälern alle künstlerischen Bewegungen von der Romanik bis zur Renaissance. Die Kathedrale mit Beispielen für Mudejar-, gotischen und Renaissancestil; die Kirche Santa Cruz, romanisch; die Erlöserkirche, romanisch und im Inneren mudejar; die Kirche San Andrés im Renaissancestil.

Baeza unterhält einen bewundernswerten Komplex öffentlicher Gebäude, sein primitives, gotisches Rathaus, seine ehemalige Universität, das frühere Gefängnis, die alte Fleischbank, seinen Kornspeicher und gotische Paläste wie die von Jabalquinto und Montemar.

Ganz nahe bei Baeza liegt Ubeda, das man wegen der Bedeutung seiner Baudenkmäler, wie der Heili-

Von der Burg Santa Catalina (12. Jh.) aus hat man einen Panoramablick von der Sierra Morena bis zur Sierra Nevada.

Baeza. Der Plaza de los Leones. Hinter dem populären Brunnen sind das Casa del Pópulo und der Villalar-Bogen auszumachen.

gen Kapelle des Erlösers, im Renaissancestil, der Kirche Santa María de los Reales Alcázares, gotisch-mudejar, etc. «das Salamanca Andalusiens« genannt hat.
Vor allem gibt es unzählige Renaissancepaläste: des Dechanten Ortega, des Kronfeldherrn Dávalos, des Marquisen de Mancera sowie der Palast der Rambla, und als hervorragendstes bürgerliches Gebäude das Santiago-Hospital, Mitte des XVI. Jahrhunderts.
Aber wir verabschieden uns nicht von der Provinz Jaén, ohne durch die Strässchen innerhalb der Stadtmauern zu bummeln.

Baeza. Der Jabalquinto-Palast.

Úbeda. Der Palast des Konnetabels Davalós, der heute ein staatliches Luxushotel beherbergt, und die Erlöserkapelle. Der von Diego de Siloé entworfene, jedoch von Andrés de Vandelvira errichtete Kirchenbau zählt zu den schönsten und repräsentativsten Werken der spanischen Renaissance.

Die Stadt Cazorla mit dem Turm der Burg Castillo de la Yedra im Vordergrund.

Die riesige Zitadelle, die Alcazaba, beherrscht ganz Almería.

ALMERIA

Almería, das an der Bucht seines Namens liegt, ist eine helle, vor den Winden des Landesinnern durch seine ockerfarbenen Berge geschützte Stadt, die das intensive Blau wiederspiegelt, das hier das Mittelmeerwasser annimmt.
Seine Gründung geht auf vorgeschichtliche Zeiten zurück. Nachher wurde es Berührungspunkt mit den Kulturen des östlichen Mittelmeers und später von Karthagern, Römern und Arabern besucht, die es «Spiegel des Meers» nannten.
In der 1484 von Isabella I von Kastilien und Ferdinand V von Aragonien zurückeroberten Stadt sind Beweisstücke ihrer geschichtlichen Rolle erhalten. Eines davon, die Alcazaba, beherrscht die Hauptstadt mit ihrer eindrucksvollen Masse.
Die Festung muss von Abderramán III im X. Jahrhundert mit einem Fassungsvermögen für mehr als 20.000 Mann gebaut worden sein. Ihr Grundriss ist unregelmässig auf drei abgestufte Bereiche verteilt. Der Huldigungsturm hat zwei gotische Portale des XV. Jahrhunderts mit dem Wappen des Königspaars Isabella und Ferdinand.
Von den Mauergängen geniesst man eine ausgezeichnete Panoramasicht auf die Stadt und ihren Hafen.
Die alte Stadtmauer, von der einige Stücke erhalten

Die Alcazaba mit den Häusern des malerischen Chanca-Viertels zu ihren Füssen.

Das Chorgestühl der Kathedrale von Almería wurde von Juan de Orea im Plateres-kenstil realisiert.

Gruft von Bruder Diego Fernández de Villalán in einer der Seiten-kapellen der Kathedrale. Dieser Bischof gab den Anstoss zum Bau des Gottes-hauses.

Der Park Nicolás Salmerón am Hafen.

sind, verbindet die Festung über die Joya-Schlucht mit dem Hügel San Cristóbal, wo einige Wachtürme desselben Namens fortbestehen.

Am Fuss der Alcazaba befindet sich La Chanca, das volkstümliche Fischerviertel. An den Fassaden seiner Häuser, die oft in den Hügel gegrabene Höhlen sind, wechselt das Weiss mit den grellsten Farben ab. Die im XVI. Jahrhundert gebaute Kathedrale Almerías überrascht, weil sie wie eine Festung aussieht. Ihre Verteidigungsarchitektur sollte sie vor den Piratenangriffen schützen, unter denen damals die Hauptstadt litt. Trotz ihrer äusseren Strenge besitzt sie zwei Portale von grosser ornamentaler Eleganz. Ihr geräumiges Innere ist in gotische Schiffe mit Seitenkapellen aufgeteilt. Eine davon beherbergt das grossartige Grab des Bischofs, der den Bau der Kirche vorantrieb, Fernández de Villalán; andere bewahren wertvolle Werke von Salzillo, Alonso Cano, Murillo und Ribera. Hervorragend sind auch der Hochaltar und die Kanzeln, das platereske Chorgestühl und der mit Alabasterstatuen ausgestattete Platz hinter dem Chor, XVIII. Jahrhundert.

Almería ist eine Stadt, die dem Meer zugewandt lebt. Ein guter Beweis davon ist sein Hafen, wo die Fischerboote mit Schiffen grossen Tonnengehalts abwechseln, in denen die reichlichen Blumen- und Obsternten Almerías exportiert werden.

In der Nähe des Hafengebiets sind die Malecón-Gärten, das Viertel der Mole San Pedro sowie der Platz des Purchena-Tors, der Alte Platz oder der Platz der Mutter Gottes des Meers, etc. sehenswert. Die Hauptstadt hat ausserdem interessante Umgebungen mit Stränden, wie Aguadulce oder Roquetas del Mar.

Almería ist eine Provinz voller Kontraste, die von der Fruchtbarkeit des Dahlienfeldes bis zur Wüstenlandschaft in der Nähe von Tabernas reichen, wo mehr als einmal Filme gedreht wurden, die im amerikanischen Westen spielen. In Tabernas sind Reste der Burg erhalten, wo Isabella I von Kastilien während der Belagerung Almerías übernachtete.

Die hängenden Häuser von Sorbas klettern einen fel-

Das Rathaus auf dem Plaza de la Constitución, wo das Denkmal zu Ehren der Märtyrer für die Freiheit "Los Coloraos" steht.

Almería. Ansicht des Hafens und die Alcazaba.

sigen Hügel hinauf, der durch einen Engpass wie durch einen natürlichen Graben isoliert ist.

In Níjar wird originelles Kunsthandwerk beibehalten: seine Keramiken phönizischen Ursprungs und seine «jarapas» genannten Gewebe, die mit Streifen verschiedener Stoffe hergestellt werden.

Mojácar bildet mit seinen weissen, auf einem Hügel zusammengedrängten Häusern eine schöne, einzigartige Ansammlung.

Carboneras ist ein Fischerdorf an einem ausgedehnten Strand. In Vélez Blanco befindet sich die herrschaftliche Burg der Vélez. In Laujar, einem von Geschichte beladenen Ort, entspringt an einer schönen Stelle der Fluss Andarax...

Die westliche Landstrasse führt durch hohe Steilwände hindurch. Die Burg San Telmo dient als Leuchtturm.

Der Strand Playa del Arco auf der Insel Isleta del Moro.

Der Leuchtturm des Cabo de Gata.

Mojácar in den Ausläufern der Sierra Alhamilla.

In Níjar wird ein ursprüngliches Kunsthandwerk bewahrt, das sogenannte "Lumpenweben".

Blick auf Vélez-Blanco mit dem herrschaftlichen Schloss der Markgrafschaft der Vélez.

Kathedrale in Cádiz.

CADIZ

Cádiz, das «Silbertässchen», die grossartig gelegene Meeresstadt, ist eine der anziehendsten andalusischen Hauptstädte.
Das dreitausendjährige phönizische «Gadir» ist der älteste Ort der Halbinsel und wahrscheinlich des ganzen Westens.
Die Stadt beherbergt innerhalb ihrer Mauern des XVIII. Jahrhunderts, von der einige Stücke erhalten sind, treffliche Baudenkmäler, unter denen die Kathedrale hervorragt, die als das wichtigste Gebäude der Stadt gilt.
In neuklassischem Stil wurde unter Architekt Acero im XVII. Jahrhundert der Bau begonnen, der erst Mitte des XIX. endgültig fertig war.
Im Kathedralenmuseum wird eine wertvolle Sammlung an Goldschmiedekunst aufbewahrt. Unter anderen, sehr wertvollen Stücken ragt die Monstranz der «Million» hervor, die so heisst wegen der beträchtlichen Anzahl an Edelsteinen, mit denen sie geschmückt ist.
Cádiz ist mit unzähligen herrlichen Promenaden, Plätzen und Gärten ausgestattet. Am Konstitutionsplatz steht die Puerta de Tierra, eines der fünf Tore, über das die Mauer verfügte. Am bekannten Platz San Juan de Dios steht das Rathaus, ein neuklassischer Bau; am Spanienplatz das Denkmal für die Cortes von Cádiz, und schliesslich beugt sich die Stadt zum Ozean über die Alleen von Apodaca und des Marquisen von Comillas, ein herrlicher Garten, der sich bis zum Genueser Park hinzieht.
Die mit der Seetradition verwachsene Stadt unterhält eine bedeutende Fischereitätigkeit. Sie besitzt ei-

Ansicht von Cádiz, auf der die Türme der Kirchen San Antonio und El Carmen sowie verschiedene der für die Stadt typischen Aussichtstürme zu erkennen sind.

Boulevard Ramón de Carranza.

Das Tor Puerta de la Tierra, flankiert von den beiden Schutzheiligen von Cádiz: San Servando und San Germán.

nen wichtigen Handelshafen, und im Süden der Bucht erkennt man die weissen Salinen von San Fernando.

Im Februar feiert Cádiz seinen berühmten Karneval, der touristisch interessant ist.

In Cádiz gibt es keinen Ort, der nicht sehenswert ist: von den Bergdörfern mit weissen Häusern bis zu den Küstenorten der fruchtbaren Weinroute.

Jerez de la Frontera verdankt seinen Namen seinen angesehenen Weinen, die man in den lokalen Schenken probieren kann. Es besitzt auch grossen Denkmalsreichtum mit schönen Herrenhäusern und Kir-

Plaza del Tío de la Tiza.

Die Kathedrale von Cádiz wurde zwischen 1720 und 1838 nach Entwürfen von Vicente Acero im Barockstil mit klassizistischen Elementen gebaut.

Am Plaza de España steht das Denkmal zu Ehren der Cortes de Cádiz.

chen, wie Santiago, San Mateo, San Marcos, die Stiftskirche, etc. Der verblüffende Ort Vejer auf einem Kalkvorgebirge hat seine arabische Anordnung behalten, in der die Pfarrkirche hervorragt, die auf dem Grundriss einer alten Moschee erbaut wurde. Algeciras nimmt an der Bucht seines Namens, in nur 25 km Entfernung der afrikanischen Küste, eine strategische Stelle ein. Der kosmopolitische Ort mit grossem Reisetransit besitzt hervorragende Baudenkmäler, wie die Kirche La Palma, sowie bedeutende archäologische Reste.

La Línea de la Concepción ist eine moderne Stadt, die im Osten die Bucht von Algeciras schliesst und an Gibraltar grenzt.

Der Karneval von Cádiz ist für touristisch interessant erklärt worden.

Vejer de la Frontera, das zu einem historisch und künstlerisch bedeutsamen Ort erklärt wurde, erhebt sich auf einer abgeschnittenen Anhöhe über ein Bachbett. Hoch oben stehen eine alte arabische Burg und die Kirche Iglesia del Divino Salvador.

La Línea de la Concepción mit dem Felsen von Gibraltar im Hintergrund.

Jerez de la Frontera. Diverse Weinkeller und die Kathedrale. Unten (von rechts nach links): Das Kloster Nuestra Señora de Regla in Chipiona und die Hauptabtskirche in El Puerto de Santa María.

"Merced"-Kathedrale.

HUELVA

Huelva ist die westlichste Provinz Andalusiens. Ihr Küstengebiet, die Lichtküste genannt, dehnt sich von der Mündung des Guadiana, an der Grenze von Portugal, bis Tarifa in der Meerenge von Gibraltar aus. Heute ist es wegen seiner grossen Sandflächen, seiner Pinienwälder und seiner typischen Fischerdörfer: Ayamonte, Isla Cristina, Lepe, Matalascañas oder Punta Umbría eines der geschätztesten touristischen Küstengebiete.
Die Bergzonen sind gleichfalls nicht zu verachten: Aracena, Cortegana, Jabugo sind Namen voller Farbe und Würze.

Im Zentrum der Provinz liegt die Hauptstadt Huelva wunderschön eingeschlossen zwischen den Flüssen Tinto und Odiel.
Huelva steht am Meeresufer und bietet uns seine Strassen, Winkel, Plätze... wie den ruhigen San-Pedro-Platz mit der Kirche gleichen Namens und dem Denkmal für den Erzpriester Manuel González García, wo sich früher der Dorfrat versammelte, und den Nonnenplatz, einen der gemütlichsten Treffpunkte Huelvas.
1755 erlitt Huelva ein schreckliches Erdbeben, das es fast vollständig zerstörte, jedoch sind drei interessante Kirchen erhalten: la Merced, la Concepción und San Pedro.

Der Park Jardines del Muelle.

Die erste ist auch Kathedrale und wurde im XVIII. Jahrhundert gebaut. Sie bewahrt eine Figur des Christus von Jerusalem, XII. Jahrhundert, und ein schönes Heiligenbild der Mutter Gottes des Bandes von Montañés.
Die beliebteste Kirche Huelvas ist la Concepción, die im XVI. Jahrhundert gebaut und nach dem Erdbeben wiederhergestellt wurde.
Die Kirche San Pedro ist die älteste und wurde gebaut, wo es vorher eine Moschee gab, wodurch Spuren des Mudejarstils erhalten sind.
Huelva hat sich immer durch seine Seeunternehmen

Rathaus.

Die Iglesia de San Pedro (16. Jh.) auf dem gleichnamigen Platz ist die älteste Kirche von Huelva. Sie steht auf den Überresten einer alten arabischen Moschee und es lassen sich an ihr noch Spuren des Mudejarstils erkennen. Der Glockenturm kam im Jahre 1772 hinzu.

Die "Gambas" gehören zu den wichtigsten Spezialitäten der Küche dieser Gegend.

ausgezeichnet, aber zweifellos war es die Entdeckung Amerikas, die ihrer Geschichte das grösste Ansehen verliehen hat.

Ihre Hafeneinrichtungen sind heute Schauplatz grosser Handelstätigkeit für Bodenschätze und Fischfang. Genau am Rand des Hafengebiets dehnt sich die Palmenpromenade wie eine Oase in dem Hafenlärm aus. An der Mündung des Tinto liegt Palos de la Frontera, von wo Kolumbus nach Südamerika auslief. Wo Tinto und Odiel zusammenfliessen, erhebt sich auf der Cebo-Landspitze das Denkmal für Kolumbus. Die

Bei Punta del Cebo, wo Tinto und Odiel zusammenfliessen steht das Denkmal zu Ehren von Kolumbus.

Palos de la Frontera, von wo aus Kolumbus nach "Indien" aufbrach.

Das Kloster La Rábida wurde im 15. Jh. im gotischen und Mudejarstil gebaut.

grosse weisse Statue ist von Gertrudis Whitney und war ein Geschenk Nordamerikas für Spanien.
Die Route der kolumbinischen Dörfer führt obligatorisch über Moguer, Palos und das Kloster Santa María de la Rábida.
Aus Moguer waren die drei ersten Seeleute, die für die Karavellen angeworben wurden, und aus Moguer ist auch der grosse Dichter Juan Ramón Jiménez. Palos ist «das Gebiet jeglichen Unternehmens der Entdeckung» schlechthin. Durch das Tor San Jorge, genannt das der «Neuvermählten», zogen am 3. August 1492 Kolumbus und die Pinzones aus.
Vor seiner Abreise hatte Kolumbus die ganze Nacht im Kloster de la Rábida für den Erfolg seines Unternehmens gebetet.
Das Kloster ist trotz seines einfachen Baus interessant: gotische Fassade, heller Kreuzgang, wichtige Fresken von Vázquez Díaz und eine kleine Kirche, gotisch-mudejar.
Am Pfingstsonntag pilgern tausende von Wallfahrer aus Huelva, Cádiz und Sevilla zum Heiligtum der Mutter Gottes des Taus in Almonte, um der «Weissen Taube» Tribut zu pflichten. Es ist ein Ereignis mit grosser Tradition, das ungeheure Beliebtheit geniesst.

Wallfahrtskapelle Rocío in Almonte.

Saal mit den Freskomalereien von Daniel Vázquez Díaz zur Entdeckung Amerikas im Kloster La Rábida.

Die populäre Rocío-Wallfahrt.
Coto de Doñana, ein Naturreservat.
Gibraleón mit dem Fluss Odiel im Vordergrund.

Blick auf Aroche.
Die Burg Castillo de Almonaster la Real.
Die Salinen der Cristina-Insel.
Sporthafen in Ayamonte.

Inhalt

KOLLEKTIONEN ESCUDO DE ORO, S.A.

GANZ SPANIEN

1 MADRID
2 BARCELONA
3 SEVILLA
4 MALLORCA
5 COSTA BRAVA
8 CORDOBA
9 GRANADA
10 VALENCIA
11 TOLEDO
12 SANTIAGO
13 IBIZA und Formentera
14 CADIZ
15 MONTSERRAT
16 CANTABRIA
17 TENERIFE
20 BURGOS
24 SEGOVIA
25 ZARAGOZA
26 SALAMANCA
27 AVILA
28 MENORCA
29 SAN SEBASTIAN und Guipúzcoa
30 ASTURIEN
31 LA CORUÑA und die Rías Altas
32 TARRAGONA
40 CUENCA
41 LEON
42 PONTEVEDRA, VIGO und die Rías Bajas
43 RONDA
46 SIGUENZA
47 ANDALUSIEN
52 EXTREMADURA
54 MORELLA
58 VALLDEMOSSA

REISEFÜHRER

1 MADRID
2 BARCELONA
3 LA RIOJA
4 MALLORCA
6 SANTIAGO DE COMPOSTELA
7 SEVILLA
8 ANDALUCIA
9 GRAN CANARIA
12 GALICIA
13 CORDOBA
14 COSTA BLANCA
15 GRANADA
22 SEGOVIA
25 AVILA
26 HUESCA
28 TOLEDO
30 SANTANDER

---

4 LONDON

---

1 LA HABANA VIEJA
2 EL CAPITOLIO (CUBA)
3 NECROPOLIS DE LA HABANA (CUBA)

GANZ EUROPA

1 ANDORRA
2 LISSABON
3 LONDON
4 BRUGGE
6 MONACO
7 WIEN
11 VERDUN
12 DER TOWER VON LONDON
13 ANTWERPEN
14 WESTMINSTER-ABTEI
15 SPANISCHE REITSCHULE IN WIEN
17 DAS SCHLOSS WINDSOR
18 COTE D'OPAL
19 COTE D'AZUR
22 BRUSSEL
23 SCHÖNBRUNN-PALAST
26 HOFBURG
27 ELSASS
28 RODAS
32 PERPIGNAN
33 STRASBURG
34 MADEIRA + PORTO SANTO
35 CERDAGNE - CAPCIR
36 BERLIN
37 MOSCU
38 PORTUGAL

TUORISMUS

1 COSTA DEL SOL
2 COSTA BRAVA
3 ANDORRA
4 ANTEQUERA
6 MENORCA
8 MALLORCA
9 TENERIFE
14 LA ALPUJARRA
15 LA AXARQUIA
16 PARQUE ARDALES Y EL CHORRO
17 NERJA
18 GAUDI
19 BARCELONA
21 MARBELLA
23 LA MANGA DEL MAR MENOR
25 KATHEDRALE VON LEON
26 MONTSERRAT
28 PICASSO
34 RONDA
35 IBIZA-FORMENTERA
37 GIRONA
38 CADIZ
39 ALMERIA
40 SAGRADA FAMILIA
41 FUENGIROLA
42 FATIMA
43 LANZAROTE
44 MEZQUITA HASSAN II
45 JEREZ DE LA FRONTERA
46 PALS
47 VALLDEMOSSA
48 SANTILLANA DEL MAR
49 DIE ALHAMBRA UND DER GENERALIFE
51 MONACO-MONTECARLO

GANZ AMERIKA

1 PUERTO RICO
2 SANTO DOMINGO
3 QUEBEC
4 COSTA RICA
5 CARACAS
6 LA HABANA

---

1 CUZCO
2 AREQUIPA
3 LIMA
4 MACHU PICCHU

GANZ AFRIKA

1 MAROKKO
3 TUNESIEN

KUNST IN SPANIEN

1 PALAU DE LA MUSICA CATALANA
2 GAUDI
3 PRADO-MUSEUM I (Spanische Malerei)
4 PRADO-MUSEUM II (Auslandische Malerei)
5 KLOSTER VON GUADALUPE
7 MUSEUM DER SCHÖNEN KÜNSTE VON SEVILLA
10 DIE KATHEDRALE VON GIRONA
11 GRAN TEATRO DEL LICEO
12 MEZQUITA DE CORDOBA
14 PICASSO
15 REALES ALCAZARES DE SEVILLA
19 DIE ALHAMBRA UND DIE GENERALIFE
21 KÖNIGLICHER SITZ VON ARANJUEZ
22 KÖNIGLICHER SITZ VON EL PARDO
24 KÖNIGLICHER SAN ILDEFONSO
26 PILAR-BASILIKA VON SARAGOSSA
27 TEMPLE DE LA SAGRADA FAMILIA
28 ABTEI VON POBLET
29 KATHEDRAL VON SEVILLA
30 KATHEDRAL VON MALLORCA
32 CARTUJA DE VALLDEMOSSA
33 GOYA
34 KATHEDRAL VON BARCELONA
35 CASA - MUSEU CASTELL GALA-DALI PUBOL
36 CATEDRAL DE SIGUENZA
37 SANTA MARIA LA REAL DE NAJERA
38 CASA - MUSEU SALVADOR DALI PORT LLIGAT

MONOGRAPHIEN K.

5 SONNERGIE IN DER CERDAGNE
10 MORELLA
20 CAPILLA REAL DE GRANADA
31 CORDILLERAS DE PUERTO RICO
38 GIBRALTAR
50 BRÜGGE
68 MONASTERIO DE PIEDRA
70 TORREVIEJA
74 VALLDEMOSSA
75 ANTWERPEN
84 KATHEDRAL VON MALLORCA
85 KATHEDRAL VON BARCELONA
86 VALL D'UXO

MONOGRAPHIEN G.

5 PUERTO RICO
6 EL VIEJO SAN JUAN
9 STADT BRUJAS
19 MURALLAS DE SAN JUAN

KARTEN

1 MADRID
2 BARCELONA
6 LONDRES
8 ALICANTE
20 PANAMA
31 SEVILLA
33 BRUGGE
34 BRUSSEL
35 ANTWERPEN
36 SEGOVIA
37 CORDOBA
38 CADIZ
40 PALMA DE MALLORCA
45 JEREZ DE LA FRONTERA
47 AVILA
48 ANDORRA
50 SALAMANCA
52 LEON
53 BURGOS
58 IBIZA
59 OOSTENDE
78 GRANADA
80 MONACO
93 MENORCA
94 LA MANGA DEL MAR MENOR
96 COSTA BRAVA
97 MADEIRA
98 SANTANDER
99 LLORET DE MAR
100 ANDALUCIA
101 JAEN

Palaudarias, 26 - 08004 Barcelona (Spanien)
e-mail:editorial@eoro.com
http://www.eoro.com

6. Ausgabe - I.S.B.N. 84-378-1352-2 Dep. Legal. B. 21701-2000

Gedruckt in der E.G.
FISA - Escudo de Oro, S.A.